WET FLOOR

WET FLOOR

Beatriz Aragón

Palabras preliminares de
Pablo García Casado

LIBROS DE LA HERIDA
COLECCIÓN
POESÍA EN RESISTENCIA
SEVILLA 2024

LIBROS DE LA HERIDA
POESÍA EN RESISTENCIA, 14

Wet floor
es una edición de Libros de la Herida
www.librosdelaherida.es
info@librosdelaherida.es

© de los poemas: Beatriz Aragón Rodríguez
ISNI: 0000 0005 1263 9298

© de las ilustraciones de portada y colofón: Patricio Hidalgo
© de las palabras preliminares: Pablo García Casado

© de la presente edición: A. C. La Palabra Itinerante / Libros de la Herida

Maquetación: Fran Seisdoble

Edición al cuidado de José María Gómez Valero y David Eloy Rodríguez

ISBN: 978-84-19919-04-5
Depósito legal: SE 93-2024

Producido en Andalucía La Baja, España
Impreso en Atarfe (Granada) por Entorno Gráfico

ALGUIEN TIENE QUE LIMPIAR
por Pablo García Casado

La poeta Wislawa Szymborska escribió:

Después de cada guerra
alguien tiene que limpiar.
No se van a ordenar solas las cosas,
digo yo.

Es un poema que habla del reverso de la guerra, que nombra aquellos seres que la historia invisibiliza. Pero ese *digo yo* al final de la estrofa supone, sobre todo, una refutación de cualquier atisbo de épica.

Hay también en la poesía contemporánea una retórica de los hoteles. Una lírica que hunde sus raíces en cierto dandismo de izquierda, ese al que se le llena la boca de ideología pero que no duda en quejarse si la ventana de su hotel no tiene vistas a la playa. O de lo cansados que están de toda esa gira de presentaciones.

Wet floor se me antoja un poco el reverso a ese mundo de pasajeros. De gente que vamos y venimos sin tomar en cuenta quién nos hace la cama, quién nos limpia el retrete, quién nos recoge la ropa desperdigada por la habitación. *Alguien tiene que limpiar*, decía Szymborska, y son ellas quienes toman la voz en este libro. Un yo plural que atraviesa el arquetipo de las *kellys*, que le da una voz y un rostro, y unas manos y un sexo. Una mirada que no es a las nubes, ni al cielo, sino al suelo que pisamos.

Poseedora de una voz limpia, capaz de sublimar las emociones familiares, como hizo en *La reina de los pájaros*, su anterior libro, Beatriz Aragón nos toma de la mano y nos lleva al cuarto de la limpieza. Nos sitúa en un lugar incómodo en el que nos duele la espalda, nos huelen las manos a lejía, nos pican los ojos de aerosol desinfectante. En la tensión de espacios cerrados y horarios que cumplir. En los sueños que se quebraron y en la pulsión por la mera supervivencia.

Libros como este son necesarios para agitar algo más que las conciencias. Nos agarran de la solapa. Nos miran a la cara y nos preguntan: ¿quién va a limpiar todo esto?

WET FLOOR

CAMARERA DE PISO

Un día se superpone a otro.
Una tarea a otra.
Un desayuno y su cuchara a otro.
M.ᵃ ÁNGELES PÉREZ LÓPEZ

LA MANSIÓN DE LA BARBIE

Entonces solo jugábamos a ser señoras ricas
y guapas y con un marido rico y guapo
y con unos niños guapos y ricos
y con un perro guapo y rico
y con un caballo guapo y rico
y con una casa de guapos y de ricos.
Entonces teníamos un coche descapotable
para los fines de semana
y un coche caravana para ir de pícnic
y un apartamento en la playa y una casita de campo.
Pero entonces éramos de plástico.

Ahora la señora rica y guapa es rica y guapa
y el marido rico y guapo es rico y guapo
y los niños guapos y ricos son ricos y guapos
y tienen un perro y un caballo y una casa
y un coche descapotable
y un coche caravana para ir de pícnic
y un apartamento en la playa y su casita de campo
y nosotras somos sus pies y sus manos.
Pero ya no somos de plástico.

Ahora nosotras somos de verdad.

[LA LIMPIEZA ES UN
SERVICIO DEFECTUOSO...]

La limpieza es un servicio defectuoso.
Dura demasiado poco para lo que cuesta.

En cuanto alguien lo usa, no vale nada.

[ANTES DE TODO...]

Antes de todo. La mañana de Reyes.

Entre los miles de regalos
esparcidos por el salón,
allí estaba esperándome,
flamante y sin envoltorio,

el carrito de la limpieza de Mattel.

[HAN PASADO TANTOS NOMBRES POR MIS MANOS...]

Han pasado tantos nombres por mis manos
que ya no recuerdo sus caras.

No me preocupa mucho,
pero está bien recordar lo importante:
en mis manos se quedó
todo lo que no tenía ni cara ni nombre,
todo lo que no se puede escribir.

En mis manos, palomas desplumadas.

En mis manos, quemaduras.

CONCIENCIA

La revolución está en nuestras manos.
Cabeza alta y la dignidad posada en el pecho.
En esta lucha la toalla no se tira;
se recoge, se lava y se dobla.
El pulso del agua limpia
es capaz de transformarlo todo.
El frotar no se acaba nunca.

Pensaban que limpiaba de rodillas,
pero limpiaba siempre de pie.

[FUE UN VIERNES EN EL HIPERDINO...]

Fue un viernes en el HiperDino,
entre los estantes de productos de limpieza,
la primera vez que me perdí.

[TODOS SOMOS HUÉSPEDES...]

Todos somos huéspedes
de nuestro propio caparazón.
Inquilinos de la materia que nos compone.

Estrellas fugaces que no se conocen
cruzándose continuamente
en el trapo sucio del cielo.
Nuestro rastro suelen ser los deseos
que pedimos para nosotros mismos.

Entramos y salimos de nuestros cuerpos
a cada instante.

Somos la habitación de un hotel
con la ventana abierta
y un bote de champú a medio usar.

[COMO UNA SÁBANA EN EL CORDEL VOLANDO...]

Como una sábana en el cordel volando
suspendida en el vacío,
tendida con alfileres de madera,
así yo.

[CELESTE NO ES EL CIELO ABIERTO DE PAR EN PAR POR LA MAÑANA...]

Celeste no es el cielo abierto de par en par por la mañana.
Celeste no es el mar ni su latido.
Celeste no es un nombre siquiera,
no es un color ni una palabra.

Celeste es mi uniforme.

CHECK OUT

En las muy pocas ocasiones
en que soy huésped,
allá donde pernocte
hago siempre el *check out*
mucho antes de la hora estipulada.

(Los alojamientos se meten dentro de una,
igual que las ciudades).

Al acercarse la hora de salida,
un picor amarillo se instala en mi carne
y el sabor a lejía me brilla en los ojos.
Es como si ni de vacaciones
lograra quitarme el uniforme.
No es fácil explicarlo.

Procuro arreglar la habitación,
dejarla lo más recogida posible,
y salgo de allí cuidadosamente,
un par de horas antes de lo necesario,
como un culpable que intentara
escapar de su propia culpa.

Hermanamiento de escoba, mopa y manos
con las compañeras que no conozco.

[NUNCA LLEVO ANILLOS EN LAS MANOS...]

Nunca llevo anillos en las manos
para que no se me puedan caer.

NO MEZCLAR EL AMONÍACO
CON OTROS PRODUCTOS

Limpio y escribo indistintamente.
Las manos y la cabeza
son herramientas complementarias.

Escribir me mantiene
en un estado de alergia continua.
Limpiar me mantiene
en un estado de alergia continua.

Fui al médico, pero ya es tarde.

No es posible saber cuál es la naturaleza del oficio
que me intoxica.

CHECK IN

El *check out* es a las 12:00,
el *check in* es a las 13:00.
Lavandería, limpiar baños, polvo,
paredes, camas, basuras,
mopa y fregona.
Temporada alta, media o baja.
El *check in* es a las 13:00.
A las 12:05, CAUTION,
WET FLOOR en todos los pasillos.

Si te resbalas, no es mi problema.
Si llegas antes, no es mi problema.
Si no sales, tengo que entrar.

El cliente a veces lleva la razón
y casi siempre a la desesperación.

[HAY ANIMALES INDESEABLES...]

Hay animales indeseables.
Hoy van a fumigar.

Las alcantarillas
son lo más parecido a vías de escape.
Puntos de fuga.

La muerte, como un trance sin reparación,
cruje debajo de mis pies en estos días
igual que mis huesos cada noche
antes de irme a la cama
y procurar el sueño.

En ocasiones percibo
aleteos de mariposas
en las pesadillas
y no me dejan dormir.

Hacen mucho ruido.

[FUMAR ES UNO DE MIS MEJORES VICIOS...]

Fumar es uno de mis mejores vicios.
Terminar la jornada y encenderme el cigarro
es la mayor parte de la recompensa.
No se sabe nunca si estás fumando
tabaco o lejía o la jornada entera.
Pero es cierta una cosa:
la jornada se queda ahí,
quieta en el lugar que le corresponde,
y el cigarro y yo nos vamos con ese sabor tan extraño
que proporciona el tiempo cuando se lleva a cuestas.

[HAY DÍAS EN QUE LLEGO TEMBLOROSA A CASA...]

Hay días en que llego temblorosa a casa
con el sudor pegado a la piel,
con sueño, con hambre.
Y entonces se repite el mismo gesto
como si fuese un mantra:
huelo mi cuerpo, huelo el sudor
y, con una sonrisa,
me desvanezco en el sofá.

[LOS OLORES...]

Los olores
desde el principio de los tiempos
te persiguen
y cuando te atrapan
te llevan a donde ellos
quieren que vayas.

Te hacen presa de un recuerdo
hasta que se evaporan.

A mí, a menudo,
me secuestra la lejía.

[HAY DÍAS EN QUE ME CUELGO AL CUELLO EL CARTEL DE NO MOLESTAR...]

Hay días en que me cuelgo al cuello el cartel de NO MOLESTAR
para atender a la huésped que me habita.

INSTRUCCIONES PARA LIMPIAR CRISTALES

Limpio con furia el espejo
—feroz azote del trapo—
mi azogue contra su azogue
CARMEN CAMACHO

Es difícil mirarte en el espejo
mientras le pasas la Vileda de microfibra.

Tu reflejo lo empaña todo
y nunca te pareces lo suficientemente limpia.

HOSTAL

Yo traje a este sitio mi cuerpo
y aquí lo desgasto en jornadas
DAVID ELOY RODRÍGUEZ

[EL AGUA SUCIA DEL CUBO DE LA FREGONA...]

El agua sucia del cubo de la fregona
es el lago de miserias que todos llevamos dentro.

[SER LA QUE LIMPIA...]

Ser la que limpia
y ser la poeta
es ser casi la misma cosa.

Pequeñas revoluciones cotidianas.

[EL SUELO DEL POEMA RESBALA SIEMPRE...]

El suelo del poema resbala siempre
y no se seca nunca.

[DICEN QUE TODOS NACEN CON UN PAN BAJO EL BRAZO...]

Dicen que todos nacen con un pan bajo el brazo.

Algunas nacemos con una escoba:
alguien tiene que barrer las migas.

[POBRE CENICIENTA...]

Pobre Cenicienta.
De una jaula se fue a otra
con el mismo contrato laboral.

LAUNDRY

La ropa sucia es el espejo del alma.
Por mucho que la laves,
no se puede volver a estrenar.

[MUCHAS MAÑANAS ME QUEDO QUIETA...]

Muchas mañanas me quedo quieta
mirando las hebras del mimbre
de la cesta de la ropa que estoy a punto de tender.
Se entrelazan las unas con las otras
hasta convertirse en un laberinto.

Afuera, en la cornisa, una paloma observa
la cesta que estoy a punto de tender,
y por su gesto parece que ve el mismo mapa,
el mismo laberinto que yo.

Los mismos mimbres.

ROOM 237

Este lugar inhumano hace monstruos humanos
STEPHEN KING

Todo hotel que se precie tiene una habitación 237.
A veces no coinciden en el número,
pero siempre en el contenido.

El miedo no se puede limpiar.

[EL AGUA LIMPIA DEL CUBO
DE LA FREGONA...]

El agua limpia del cubo de la fregona
es el lago de luz que todos llevamos dentro.

INSTRUCCIONES PARA HACER UNA CAMA

La blancura se extiende según las marcas del mapa
que nos deja el calor de la plancha.
Luego revoloteas alrededor del colchón
para ajustar la caída de la claridad.
Por último acaricias la superficie lisa
por si acaso quedaron huellas del demonio.
Antes de salir de la estancia,
volver siempre la mirada hacia la cama.

Y lo más importante:
nunca dar la espalda a los sueños de los otros.

TEMPORADA ALTA

Hay técnicos del daño que trafican
con sangre y con deseos
JUAN ANTONIO BERMÚDEZ

CAMBIO CLIMÁTICO

El verano ya no existe.

Todo el año, temporada alta.

WELCOME TO PARADISE

He limpiado muchos paraísos.
Todos los paraísos que conozco
están gentrificados.
Puede que sea acaso también
un poco culpa mía.
La hospitalidad, a menudo,
pasa factura.

TEMPORADA ALTA

La playa entera se barre
en las habitaciones.
Huele a protector solar por todas partes.
Tu uniforme y las toallas
embeben el cloro impertinente de la piscina del hotel
que una y otra vez rodeas con la jaula de la ropa sucia.

Hace calor, mucho calor por fuera de la carne,
cuando llego a casa.
Hace frío, mucho frío por dentro de la carne.

Me habré enfriado en la piscina
o barriendo la playa entera,
me digo antes de tomarme el ibuprofeno.

Mañana será otra playa.

LA *KELLY* (GENTRIFICADA)

Se ven ejemplares de *kellys* por casi todos los espacios.
Se reconocen según la faena de la que se ocupan.

Por las calles estrechas y recién regadas de los barrios gentrificados,
algunas mujeres con su voz temprana
y un olor industrial y penetrante tatuado en sus ropas.
Empujan un carro preñado de sábanas blanquísimas
a primera hora de la mañana
y un manojito de llaves cantarinas
bailando al compás del vaivén de sus pasos.

A veces son ellas mismas
las que limpian sus propios hogares
convertidos en apartamentos turísticos,
y sienten culpa y abandono
cuando exprimen las lágrimas de la fregona.

ESTACIÓN DE PASO

Maletas, la gente, los trenes,
los trenes, la gente y más maletas.

Todos pasan corriendo
mientras friego tranquilamente el andén.

LIMPIEZA A FONDO

Fregamos las paredes cada primavera.
Nos lo piden la estación, el tiempo, el sol, las flores.
Fregamos con brío
para arrancar la mugre del invierno.
Nada tiene que ver con la tradición,
ni siquiera con ser la más hacendosa
e higiénica del barrio.

Limpiamos para florecer.

Limpiamos para ser primavera.

HUÉSPED

Quise borrar las huellas de aquel cuerpo
limpié con táifol el lavabo los restos
del afeitado corrieron por el desagüe

PABLO GARCÍA CASADO

[PRIMERO...]

Primero
limpiar el rastro de los otros,
reemplazar cada indicio de lo antiguo por uno de lo nuevo,
repellar las grietas de las paredes,
eliminar las huellas del crimen.

Después
limpiar tu propio rastro,
reemplazar cada indicio de lo nuevo por uno de lo antiguo,
repellar las grietas de tus paredes
eliminando el crimen de tus propias huellas.

[SIEMPRE QUEDA UN RASTRO...]

Siempre queda un rastro.
Una hebra del pasado en cada estancia.

Un bote de champú a medio usar,
las braguitas agazapadas bajo la cama,
un mapa arrugado con las cruces de quien lo caminó,
una dirección apuntada en una nota,
una barra de labios,
un vaso medio vacío,
una botella medio llena,
una discreta propina,
un *souvenir* extraviado,
una postal vana,
un sueño sin estrenar.

Siempre queda algo
que nos conecta con lo habitado.

Nadie se va nunca del todo.

[CUANDO EL CLIENTE LLEGA...]

Cuando el cliente llega, toda la habitación reluce.
Cada rincón tiene esa blancura de las cosas nuevas,
ese olor a inmaculado que ellos buscan
y que nosotros ofrecemos
y garantizamos con estrellas imaginarias.

La rueda sigue girando,
componemos lo viejo hasta que parece renacer.

Menos mal que las paredes no hablan.

[A VECES EL CLIENTE ES TAN ESMERADO...]

A veces el cliente es tan esmerado
que cuesta diferenciar su rastro del tuyo.

Entras en la habitación 117
y todo parece recién nacido.
Intacto, sin usar, pulcro,
ni una marca del paso
por el refugio del viaje;
nada, no hay huellas que demuestren
que hubo alguien ahí.

La habitación es una herida limpiamente curada.

Pero a mí no pueden engañarme:
si te acercas y registras
con la paciencia adecuada cada milímetro,
encuentras señales del uso.

Hay arrugas en la cama que no me pertenecen.

Esas arrugas no son mías, me digo
con la alegría precisa de quien
se reconoce frente al espejo.

Todavía.

[LA SONRISA...]

La sonrisa
es la única propina que nunca me ha parecido caridad.

[LA VIDA DA TANTAS VUELTAS...]

La vida da tantas vueltas
que muchas veces no sabe dónde dejó la fregona.

[ME ENCANTAN...]

Me encantan,
y aborrezco a la par,
los productos de limpieza.

Cuando uso un nuevo detergente,
su aroma distinto me suele parecer espléndido,
y lo compro para mi propio suelo,
hasta que me aburro de ese olor
y decido probar otro.

Es como no salir nunca del trabajo.

[HOY PENSÉ EN LIMPIAR EL CUARTO DE LA LIMPIEZA...]

Hoy pensé en limpiar el cuarto de la limpieza.

Es la única habitación que no es digna de su nombre.

[EL ALMACÉN...]

El almacén,
como norma general,
está desordenado.

Cuando procuro algún día recoger el caos que guarda
y poner cada cosa en su sitio, no me merece la pena.

El almacén es una excusa de sábanas limpias
y productos tóxicos,
como si ocultara un secreto
que no supiéramos entender.

[JAMÁS ENTRO EN UN BAÑO...]

Jamás entro en un baño
que yo misma haya terminado de fregar.

Es involuntario.
Algo dentro de mí
prefiere que lo ensucie otro.

Heridas de la *kelly*.

[HAY HABITACIONES QUE PARECEN TEMPLOS...]

Hay habitaciones que parecen templos,
cada una con su religión y su doctrina.
Se distinguen por el olor a rito sagrado
que desprenden al entrar en ellas.

La cama como un altar de sudor y deseo
custodia las brasas de un fuego primordial
que te incendia las yemas de los dedos
al retirar las sábanas.

Fregar las paredes del amor
resulta casi imposible.

El amor siempre se nos escurre
de las manos.

[NO ME GUSTA PLANCHAR...]

No me gusta planchar.
Lo reconozco sin ningún tipo de pudor.
De todas las tareas, es la que más detesto.

Me parece demasiado pretencioso
querer borrar las marcas,
querer detener el tiempo.

INSTRUCCIONES PARA LIMPIAR EL POLVO

El tiempo se materializa en las cosas.
A nosotras nos pasa lo mismo.
Por eso tenemos que quitar el polvo
con mucho tino y ser minuciosas.

El polvo es el tiempo que nos cubre
y que no podemos limpiar del todo.
Siempre queda algo de pelusa
manchándonos los muebles y la carne.

Siempre queda algo de tiempo para nada.

[TODO LO QUE OCURRE...]

Todo lo que ocurre
mientras limpio con esmero las ventanas
es lluvia.

[DEBE DE SER MENOS TRISTE DECIR...]

Debe de ser menos triste decir *la chica que limpia*
que decir *la limpiadora*
para quienes tienen la necesidad de nombrarme.

Limpiadora: esa palabra
que tantas veces ha dignificado mis manos y mis días.

[EL POLVO DE LA OBRA DE LA CASA DE ENFRENTE...]

El polvo de la obra de la casa de enfrente
se mete por las rendijas de las persianas.

Se limpia cada día, pero la obra continúa
y el polvo insiste en entrar,
como si no quisieran irse
las paredes que están derribando.

[DESPUÉS DE TANTA PERFECCIÓN...]

Después de tanta perfección,
adoro el polvo que se posa
en cada libro de mi casa.

[LLEGAR A CASA DESPUÉS DE LA FAENA...]

Llegar a casa después de la faena
y no saber quién eres.

Amnesia selectiva, creo que se llama.
Un fugaz amago de limpiar de ti misma
la basura de otros.

[LIMPIAR SOBRE LIMPIO...]

Limpiar sobre limpio.
Es una de las mentiras más grandes que existen.

Limpiar sobre limpio es ensuciar para poder limpiar.
Lo limpio no tiene remedio.

PROGRAMA DE CENTRIFUGADO

Yo soy un camionero dormido con una carga de fresas,
y un maldito ratón se las está comiendo todas.

ANTONIO S. BRIONES

WET FLOOR

Aquí el tiempo es oro.

Lo demuestra el último minuto
del programa de centrifugado
y lo que tarda en secarse el suelo.

Mientras tanto, escribo este poema.

SUELDO

El cuerpo se acostumbra al dolor
y a lo que sea necesario.

La carencia es lo que te pone de rodillas
para arrancar la cal de la placa de ducha.

La pobreza sin disfraz,
su daño.

RIESGOS LABORALES

El accidente laboral de costumbre
suele ocurrir después de la jornada.
Nunca sabes cuándo.
Es como una aparición.

La contractura de la espalda,
la tensión en el cuello,
el nervio pinzado,
el dolor antiguo del cansancio.

El cansancio llamando al cansancio.

Cansarse duele y hace un ruido oscuro
que a menudo no te deja soñar.

Ese es el verdadero riesgo.

RITO

Aprender a andar nunca fue tarea fácil.

A pesar de las dos piernecitas enclenques
que se ruborizaban encogidas
debajo de mi propia infancia,
una mañana cualquiera
conseguí sostenerme en pie.

No lo recuerdo, pero debió de ser una sensación rara,
de repente el suelo tan lejos y la caída tan cerca.

Aprender a andar no fue tarea fácil para nadie.

Andar por vez primera
es como aprender a tener miedo.

EL YUGO

Ahora todo es más blanco.

El mundo tan quieto ahí afuera.
El tiempo tan quieto aquí adentro.

Ahora como cuando tengo hambre.
Como, incluso.
Cuando tengo sed, bebo,
y duermo como si tuviera sueño.

El tiempo ha muerto, dilo en voz alta,
me digo, y lo digo.

La blancura de los días en el calendario es mi mejor hazaña.

Hacer el amor
sin que importe el tiempo
es hacer el amor.

ARAR

La lengua verde del valle
está preñando las pilas de verdín.
El potro que abre de par en par la madrugada
es un deseo que nadie ha pedido.

Aquí ni siquiera la luz es luz.
Aquí la luz es una verdad de siglos a punto de nacer.
Huele a hierro, a raíz y a fruto a partes iguales.

A partes iguales las manos del caballo
y las manos del hombre aran el monte crudo.

A partes iguales se ofrece la tierra.

NÚMEROS ROJOS

Se come de lo vivo.
Se bebe de lo vivo.
Se ama de lo vivo.

La sangre nace de la herida en la carne.
Hay que saber clavar el puñal en el lugar exacto.
De lo vivo, a veces, se puede morir.

No tengo ninguna nómina impaciente
esperando el fin de ningún mes,
ni facturas que desgraven mis días,
ni devoluciones de renta pendientes de cobro.

Estiro el olor oscuro de la noche.

Como de lo vivo.

Mi libro de familia soy yo.

EL QUE GUARDA

Estas paredes no tienen puertas.
Estas paredes tienen ojos.

HERMANDAD

I

Aquella tarde mi hermano pequeño casi se ahoga.
Nunca más necesitó flotador.
El agua que tragó la tiene dentro todavía.

II

Hay madres que paren hijos de agua.
Yo tengo pocos hermanos pero todos son de agua.

La marisma nos parió una noche
y desde entonces somos familia,
desde entonces somos agua.

SEQUÍA

Tengo en lo más profundo
de mi sangre dos ríos gemelos.
Hoy he visto cómo se secaba uno.
Es mi preferido.

SUERTE DE RECIBIR

El camino, como la vida, pasa volando.
El viaje del agua ahora se hace corto.
En ocasiones el monte se hace demasiado grande.
Cada uno sabe la piedra que pisa,
cada uno sabe la piedra con la que tropieza,
cada uno sabe dónde caerse muerto.

ÍNDICE

Arrancaba el año 2024
cuando se terminaba de imprimir

Wet floor

de

Beatriz Aragón

Se cumplían 185 años de la creación
del primer sindicato en España
(*sociedad de resistencia* se llamó),
y en la continuidad de los días feroces
no faltaban las razones
para seguir construyendo comunidades
en pos de un mundo mejor.